社会科見学★ぼくらのまち探検

商店街へGO!②
人がかがやく商店街

鈴木出版編集部商店街研究会／編

すずき出版

【登場人物紹介】

フフフ...

ミスターX
ドコカノ町子ども探偵団のボス。3人がこまるとアドバイスを出してくれます。その正体は……。

にゃ～

ネコ
探偵事務所にいるネコ。ときどきマンガのなかに出てきますよ。

ドコカノ第一小学校に通う、元気な女の子。好奇心いっぱいで、どんどん行動しちゃいます。好きな食べものはロールケーキ。

ドコカノ第二小学校に通う、サッカー少年。だれとでも友だちになれちゃいます。将来の夢はサッカー日本代表です。

ドコカノ東小学校に通う、ちょっとクールな男の子。落ちついたお兄さん的なふんいきで、探偵の観察力もばつぐんです。

【前巻までのあらすじ】

　ドコカノ町に住む3人の小学生は、ある日「ぼしゅう　子ども探偵」のチラシを見て、探偵になることに！そんな子ども探偵団最初のミッションは、1人でマンションにくらすハルエおばあさんを笑顔にすること。「むずかしい！」となやむ3人に、ミスターXは「ドコカノ商店街一番街へ行けっ！」と指示を出しました。
　ハルエおばあさんといっしょに、ほんわか気分になれる、「人とつながるドコカノ商店街一番街」をめぐって、3人はハルエおばあさんを笑顔にすることに成功しました。
　さて、今回のミッションは？

社会科見学★ぼくらのまち探検

商店街へGO!② 人がかがやく商店街

もくじ

登場人物紹介・前巻までのあらすじ……2

二番街「きらきらゾーン」へGO！……5
美容院……6
理容院……10
ブティック……12
医院……14
くつ屋さん……16
ネイルサロン……18
かばん屋さん……20
雑貨屋さん……22
薬屋さん……24
マッサージサロン……26
カラオケ店……28

商店街探検図鑑❶
集まれ！おもしろい名前の商店街……29

商店街探検図鑑❷
名前をさがせ！／街路灯に注目！……30

ドコカノ町 子ども探偵団
報告書　ミッション2……32

会長さん・理事さんインタビュー
商店街って、どんなところですか？……34

もっと！商店街をさぐれ❷
まちを明るく、にぎやかにする
商店街の㊙アイデア……35

協力商店街紹介……46
さくいん……47

きらきらゾーン

子ども探偵団はスズキさんの妻ミドリさんのなぞの行動をさぐるために、ドコカノ商店街二番街へやってきました。二番街は「きらきらゾーン」とよばれている場所です。ここでミドリさんのヒミツをときあかすことができるのでしょうか!?

二番街「きらきらゾーン」へGO!

美容院（びよういん）

アイドルやモデルさんのような、すてきなヘアースタイルに変身させてくれる美容院。専門の勉強をして、国の試験に受かった美容師さんが働いています。商店街にある美容院「サロン・ド・オオエ」におじゃまして、どんな仕事をしているのか、見せてもらいましょう。

> 看板のヘアースタイル、ボーイッシュでかっこいい！

 美容院の1日

1日中立って仕事をするので、けっこう体力が必要です。

準備やかたづけ
- 店に到着。店内をそうじします。道具や材料の点検をします。（仕事開始）
- お客さんがいないときは、みんなでパーマやカットなどの技術の話をします。
- 昼休みは交代で順番にとります。いそがしいときは、3時をすぎてから昼食をとるときもあります。
- 店をしめてから、あとかたづけをします。（仕事終了）

店の仕事
- 9:00 開店
- お出かけ前に店によってパーマをかける人、髪をセットする人、髪をカットする人、着付けやメイクをする人などが、たえまなくきてくれます。
- 19:00 閉店

 ### どんな仕事をするのですか？

お客さんが希望するヘアースタイルになるように、パーマをかけたり、髪をカットしたりします。また、結婚式やパーティー用に、おしゃれなヘアースタイルにセットをします。

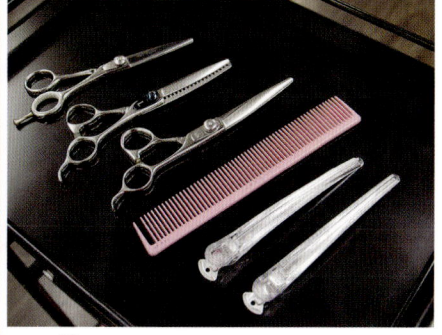

髪をとかしたり、カットするときにつかいます。

パーマやカットをする前に、シャンプーで、髪のよごれを落とします。仕上げの前に、コンディショナーなどでパサつかないようにうるおいをあたえたりします。

毛染めをするときにつかう、ヘアーカラークリーム。

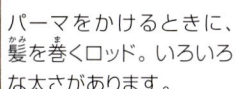

パーマをかけるときに、髪を巻くロッド。いろいろな太さがあります。

これは髪にカールをつけているところ。

 ### 仕事の楽しいところとむずかしいところを教えてください。

人と接する仕事が好きなので、お客さんと会話できることが楽しいですね。むずかしい点は、ときどきお客さんが、雑誌の写真を切りぬいてもってきて、「こんなふうにしてほしい」とおっしゃることがあることです。でも、頭の形や髪の質は1人1人ちがうので、まったく同じようには仕上がりません。そういうときは、同じようにいかない理由をきちんと説明して、納得してもらってから、お客さんの頭の形や髪の質にあったスタイルにします。

お客さんの希望を聞くときに、いろいろなヘアースタイルの写真がのっている雑誌をいっしょに見ることもあります。

美容院

パーマをかけるところを見せてください！

パーマのかけかたを見せてもらいました。髪をあらってからドライヤーで仕上げるまで、2時間から2時間半かかるそうです。パーマをかけるのって、すごく時間とてまがかかる、たいへんな作業なんですね。

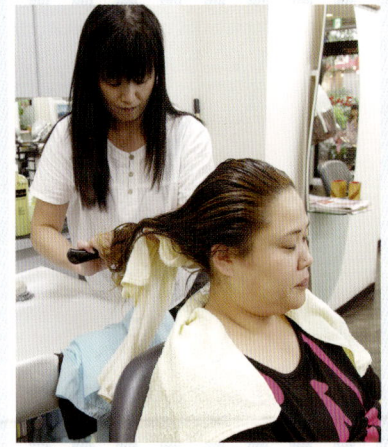

1 髪をあらってから、軽くタオルでふきます。

2 髪の長さやスタイルなど、お客さんの希望を聞いてからカットします。

3 ロッドと髪をまとめてパーマ液を均一につけるペーパーを用意します。

4 ロッドとペーパーのあいだに髪をはさみ、巻きこみます。

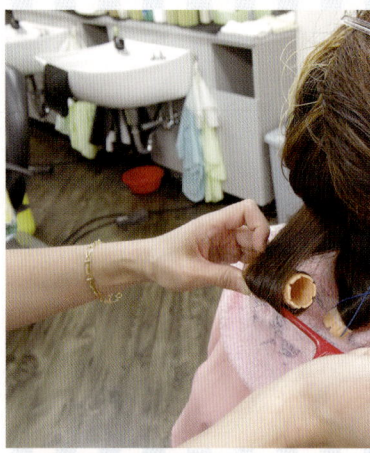

5 髪をロッドに巻きつけおわったら、パーマ液をつけます。

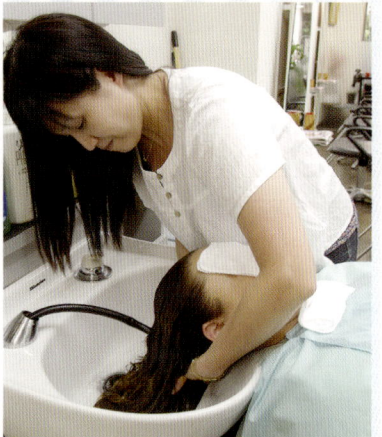

6 10～20分後、パーマのかかり具合を確認し、中和剤をつけて15分後にロッドをはずし、あらいます。

7 ドライヤーで仕上げます。

妻もこうやって巻いてたのか〜 2時間だって！

 **パーマやカットのほかには、何かしていますか？**

お子さんの七五三、学生さんの卒業式や成人式などの着付けもしています。

着付けには時間がかかりますので、とくに卒業式の日は、早朝からの予約を受けつけています。

お店のお孫さんの、着付けを見せてくれました。

1 そでを通します。

2 丈※をあわせます。

※丈とは、ものの長さのこと。

3 えりをあわせます。

4 「おはしょり（着物をたくしあげたところ）」を、きれいにととのえます。このあとに帯をしめて仕上げます。

 **商店街にお店があってよかったことはなんですか？**

夏祭りやクリスマスのイベントなどで、いろいろな店のかたと話ができて、いっしょに協力できることですね。また、お客さんにとっては、買いものや食事などの用事が、一度にできることがよいと思います。

 お客さんの気持ちをつかんで、元気におしゃれになっていただきます。

サロン・ド・オオエ（なかまち通り商店街）

お客さんのご希望どおりにパーマが仕上がったり、セットができたりしたときに、お客さんから笑顔で「ありがとう」といわれると、とてもうれしく思います。お客さんが元気になると、こちらも元気をもらったような気持ちになり、うれしいですね。

理容院

うわあ～
看板の漢字が
ハサミみたいで
おもしろいなあ

髪をカットしたりあらったり、顔そりもしてくれる理容院。専門の勉強をして、国の試験に受かった理容師さんが働いています。商店街にある理容院「ヘアーサロン　爽」を、ちょっとのぞいてみましょう。

おっ、いい感じの理容院だね！

お店のじまんはなんですか？

1席ごとにパーテーションで仕切られているので、お客さんはまわりを気にせずに、まるで個室にいるようなふんいきで、カットやシャンプーが受けられます。

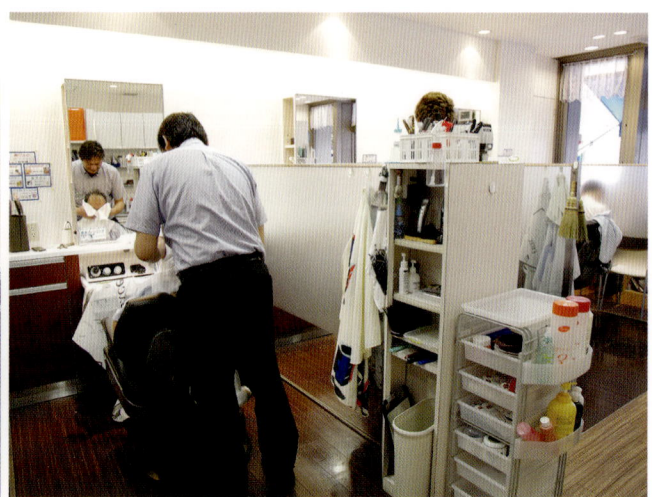

イチオシのサービスはなんですか？

一番人気があるサービスは、頭皮のよごれを落とす「頭皮クレンジング」です。自分でシャンプーしても、なかなか落としきれない頭皮のよごれを、すっきり落とします。暑い時期は、さっぱりとする「冷やしシャンプー」も、人気です。

仕事のおもしろさとむずかしさを教えてください。

おもしろさは、お客さんが仕上がり具合を見てよろこんで、笑顔で帰って、また来店してくれることです。むずかしさは、人によって頭の形、髪のかたさやクセなどの質がちがうので、お客さんの希望をかなえられないこともあることですね。

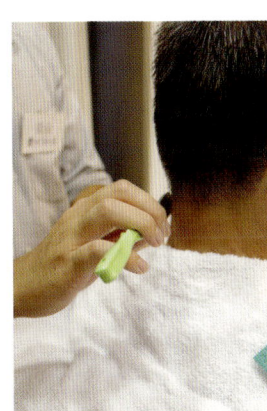
えりあしをそります。

カットやパーマなどの練習用のかつらと人形。
閉店後や定休日に練習します。

商店街にお店があってよかったことはなんですか？

商店街があることで、「どんなお店があるんだろう？」とのぞいてみたくなり、ぶらぶらと歩いてみる人が多いと思います。たくさんの人に歩いてもらえれば、「ここに理容院があるんだ！」とおぼえていただけるので、来店が期待できますね。

お客さんと楽しく会話しながらカットします。

> **ひとこと**
> ### 男の子はかっこよく、女の子はかわいくなるために、ぜひ、きてくださいね。
>
>
>
> **ヘアーサロン　爽**（さくら草通り商店街）
> スタッフはみんなしっかりとした技術をもち、笑顔でていねいな接客をこころがけています。一度来店していただければ、きっと「きてよかった」と感じてもらえるはずです。

ブティック

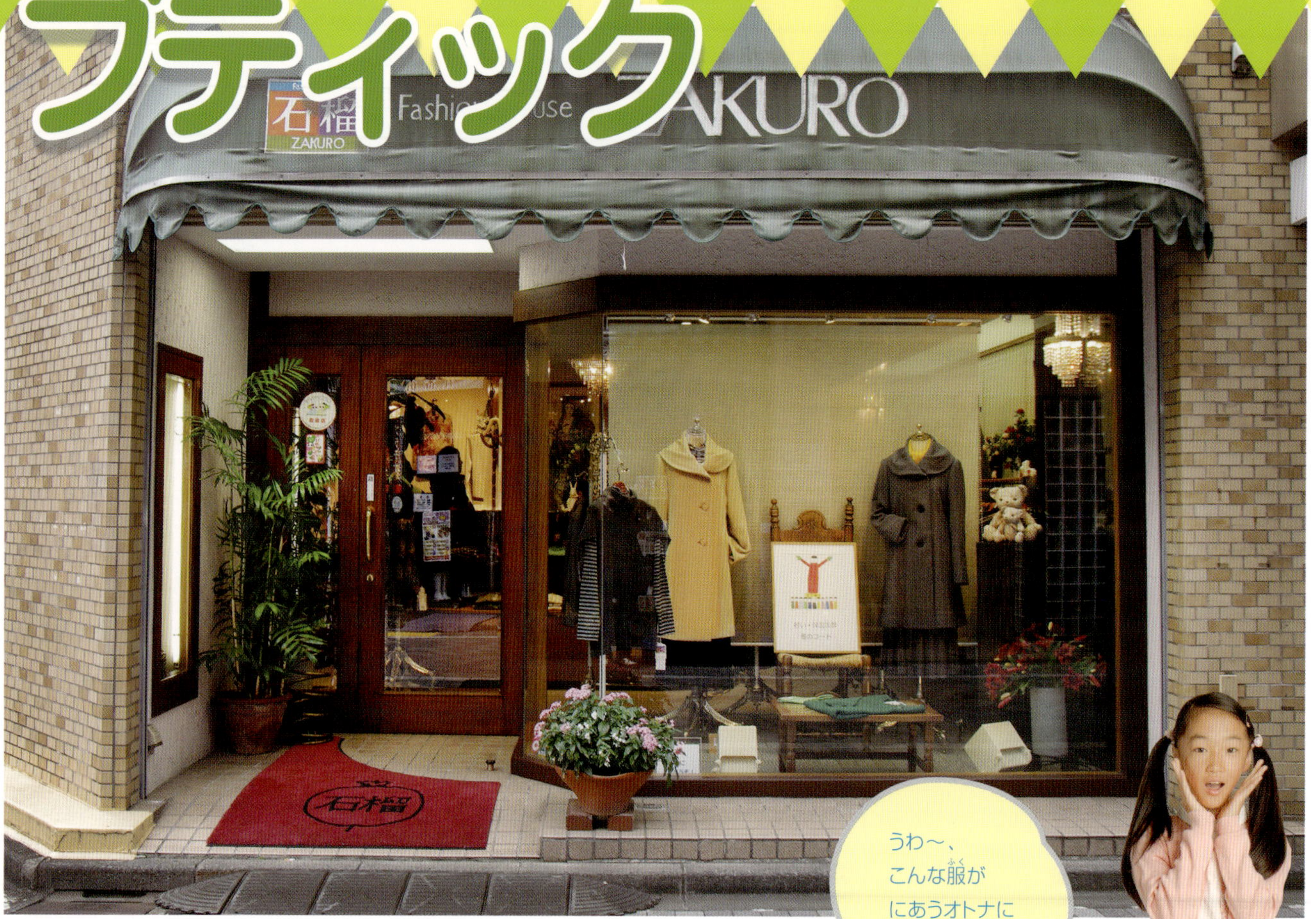
石榴
ZAKURO
Fashion House
ZAKURO

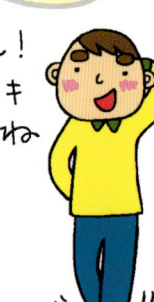

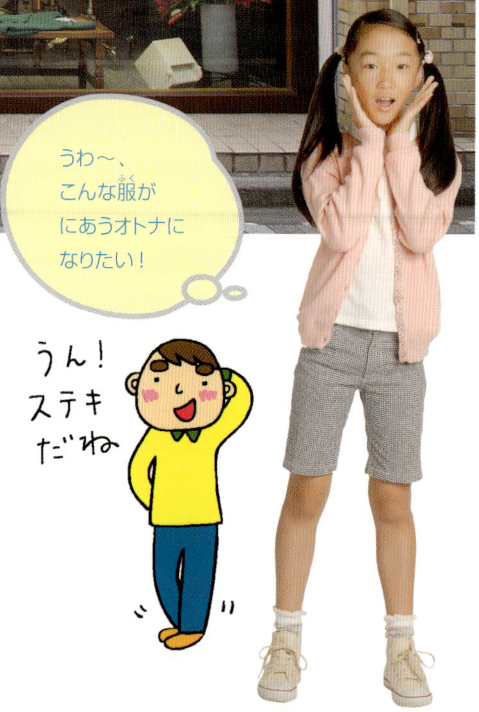
うわ〜、
こんな服が
にあうオトナに
なりたい！
うん！
ステキ
だね

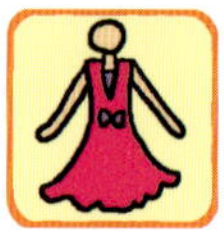

ブティックとは、フランス語で「小さな店」という意味で、婦人服などを専門に販売する、大人の女性にとっては気になる店です。地元のおしゃれ好きな人が通う、商店街にあるブティック「ファッションハウス石榴」におじゃまして、ブティックとはどんなところなのか見せてもらいましょう。

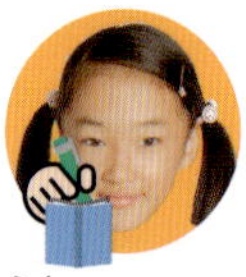

ブティックって、どんなお店ですか？

服は、糸、生地、ボタンやファスナーなど、多くの素材からつくられています。そんな素材や商品の専門知識をもって、お客さんにアドバイスしたり、コーディネートの提案ができる店がブティックです。どんなときにきる服をさがしているのか聞き、たくさんある商品のなかからぴったりなものをオススメします。洗たくのしかたや手入れのしかたもアドバイスします。

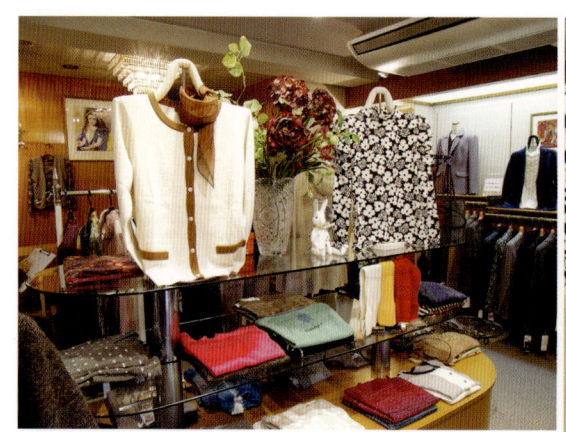

店のなかには小物もいれると500〜600の商品があります。

目的や好みを伝えると、さっそくアドバイスしてくれます。「こちらはいかがでしょう？」。

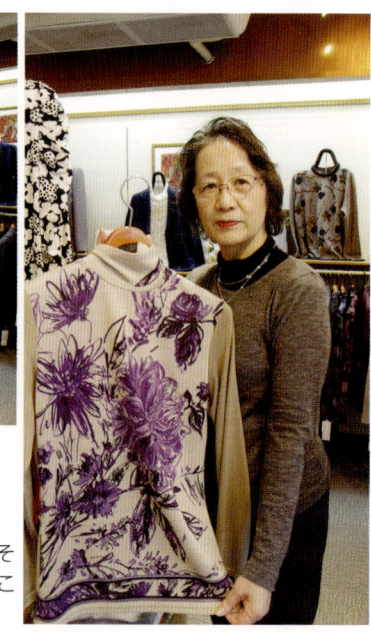

 **お店に商品をならべるまでの仕事を教えてください。**

アパレルメーカー※がおこなう展示会へ行き、見本につくられた服を見て「どの服の何色の何サイズを何着」というふうに注文します。メーカーは注文を受けてから服をつくり、半年後に店にとどきます。商品がとどいたら注文どおりかチェックして、ちがっていたら返品します。だいじょうぶならアイロンをかけて店のタグや値札をつけて、店に出します。

※アパレルメーカーとは、服をつくる会社のこと。

1つ1つ、店のタグをつけます。

商品のならべかた、見せかたも工夫しています。

思ったとおりの色と手ざわりの商品がとどきました。

 **商品を仕入れるときにはどんなことを大切にするのですか？**

いま、何がはやっているのか、人のくらしかたはどうなっているのかはつねに頭にいれておかねばなりません。あのお客さんはこういうのがお好きだろうな、ということも考えます。でも、一番大切なのは、自分がどんな服を店におきたいのか？です。「自分はこういう服づくりがいいと思う」という服を仕入れ、それをお客さんもいいと思ってくれるとうれしいです。

 **すてきなお店にするためにどんな工夫をしていますか？**

落ちついたふんいきになるように、店のなかでかける音楽はクラシックにしています。かべにかける絵もときどきかえています。ウインドーディスプレイは、3日ごとにかえています。色を中心に組みあわせよう、つぎは服のシルエットを考えて組みあわせてみよう、などとテーマを考えてかざっています。

かべにはいろいろな絵が。

外から見ると、額ぶちのなかにはいった作品みたい！

> **ひとこと** 服のことをもっと知って、しっかり選べるようになってください！

ファッションハウス石榴（荻窪南口仲通り商店街）
たとえば「○○産の木綿100％」の同じような服が2つあったとします。かたほうは980円、もうかたほうは9,800円です。さて、どちらを選びますか？素材の産地がいっしょで、デザインに差がないのに値段がちがうなら、材料の質にちがいがあるということ。それがわかったうえならば、どっちを選んでもいいのです。売るほうも買うほうも、商品を理解して買いものができるようにならなくてはいけませんね。

医院

カゼをひいて熱が出たり、ものもらいができて眼がかゆくなったとき、近くの医院に行って、診察してもらったことはありますか。商店街にある「若山医院　眼科耳鼻咽喉科」では、どんな診察をしているのでしょうか？教えてもらいましょう。

すごくりっぱな建物だなあ

診察でこころがけていることはなんですか？

眼科には、赤ちゃんからお年寄りまで、すべての年代の人がいらっしゃいます。診察でこころがけていることは、患者さんがかかっている病気とその治療について、こまかいところまで、親切に、ていねいに説明することです。
また、患者さんの話を、よく聞くようにこころがけています。

広くてあたたかいふんいきの待合室。

小さな子どもが遊べるスペースもあります。

明るくて開放感のある受付。カウンターには、きれいな花をかざっています。

スリッパを殺菌する機械。

病気の説明や治療につかう、患者さんごとのカルテ（診療記録）。

14

 **仕事のおもしろさと
むずかしさを教えてください。**

患者さんの病気がよくなるとうれしいですね。よくなって、よろこんでいる患者さんの顔を見ると、こちらもうれしくなります。
眼の病気には、できるかぎりの治療をしても、視力をうしなってしまう病気があります。そういうときは、医者として限界を感じてしまいます。

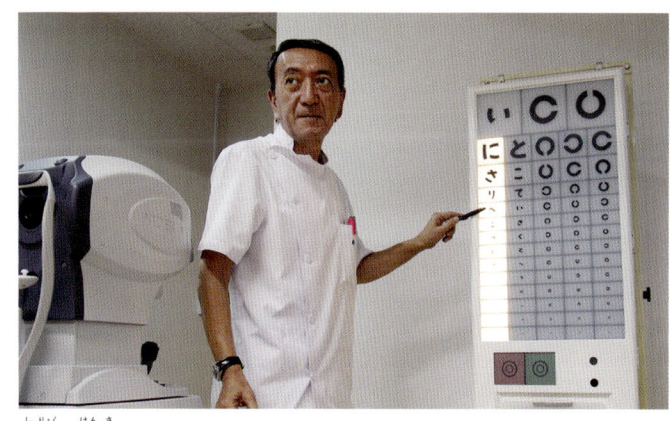
視力の検査をします。

検眼用のレンズって、こんなにいっぱいあるんですね！

治療につかう点眼薬（目薬）。

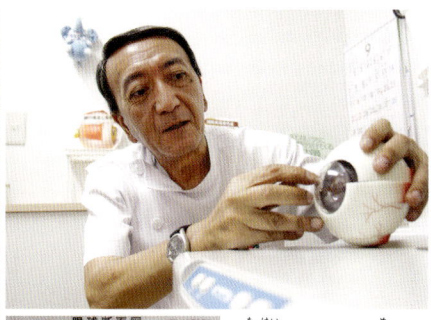
模型をつかって眼のしくみを説明します。
病気の説明につかうイラスト。

 **商店街って、
どんなところですか？**

このまちでうまれて、ずっと育ってきました。まちもすこしずつ変化しており、むかしからの顔なじみの人がすくなくなって、さびしい気持ちもします。でも、新しい店もふえて、全体としては活気がある商店街になっていますね。
商店街のほかにデパートやスーパーがあるので、1日中人通りが多く、買いもののついでに来院する人もいます。

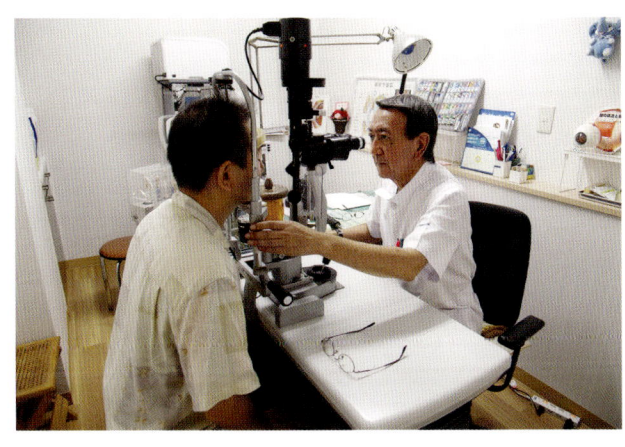

> **ひとこと**
> **患者さんの笑顔を見ると、
> こちらもうれしくなります。**
>
>
>
> **若山医院　眼科耳鼻咽喉科**（なかまち通り商店街）
> 昨年の11月から眼科のほかに、耳鼻咽喉科も開業しました。今後も、地域の人たちの健康のために努力しつづけていきたいと思います。

15

くつ屋さん

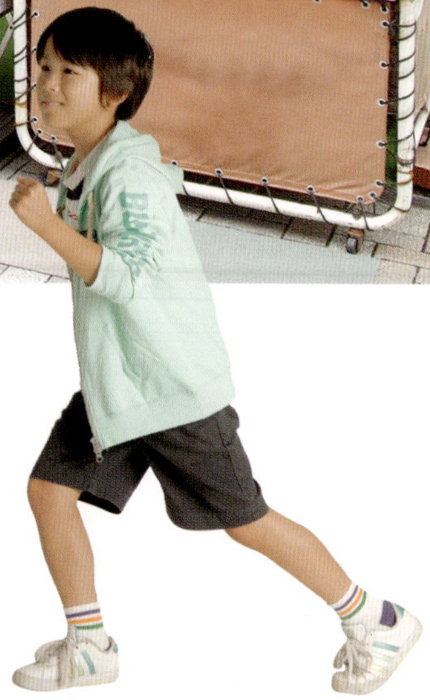

> かっこいい
> スポーツシューズが
> ほしいなあ！

学校に行くとき、遊びに行くとき、用事があって出かけるとき、みんながはくくつ。季節や目的にあわせて、はきかえますよね。商店街にあるくつ屋さん「シャンボール」には、どんなくつがあるのでしょうか？ ちょっとのぞいてみましょう。

商品はどのくらいありますか？
イチオシの商品はなんですか？

店と倉庫をあわせると、1,000足くらいあります。ご近所や地元の50代以上の女性のお客さんが多いので、やわらかくて、軽くて、はきやすいくつをそろえています。

イチオシは、新作のウォーキングシューズ。かかとにクッションがついているので、ひざへのふたんをやわらげて、ひざの痛みを予防するくつです。

おしゃれで女性に人気のあるくつは、店先の目立つ場所に。

男性のビジネス用革ぐつ。

イチオシのウォーキングシューズ。手づくりのPOPや参考になる本をおいてPR。

女性用のサンダルやパンプス。サイズもいろいろ。

 ## どんな工夫をしていますか？

集客のために、チラシをつくって近所の家のポストにいれたり、店先の看板に、くつのセールスポイントを書いて、商店街を歩く人にアピールしています。

セールのフラッグも、大事な集客グッズ。

販売だけでなく、修理もしています。

季節や行事にあわせて、看板に手書きします。

 ## 商店街って、どんなところですか？

お客さんも働いている人も、元気になれる場所です。さまざまな人びとが交流し、いきいきしているところです。いろいろな人びとが出会う場所であり、お客さんからくつのことやファッションのことを教えてもらったり、ほかの店と情報を交換したり、毎日勉強できる場所ですね。

 ## 仕事のおもしろさとむずかしさを教えてください。

メーカーや問屋から選んで仕入れた商品が、お客さんの要望とぴったりあったときは、おもしろさを感じます。お客さんによろこんでもらえて、リピーターになってもらえるので。

むずかしいのは、お客さんの足の形が1人1人ちがうため、くつと足があわずに、くつズレなどが起こることがあることです。また、お客さんが希望するデザインと店にあるくつのデザインがあわないときも、むずかしさを感じますね。

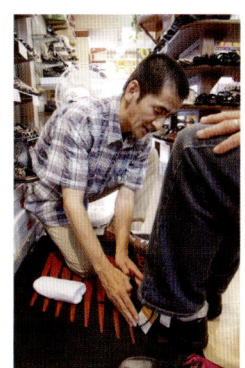
選んだくつをはいてもらい、感じをたしかめてもらいます。

きつく感じたところは、革をたたいてのばしたりします。

ひとこと
くつを通じて、地域のかたの健康にこうけんしていきます。

シャンボール（なかまち通り商店街）

はきやすい、歩きやすいをモットーに、お客さんのくつ選びのおてつだいをしています。はいていただいてくつがきつければ、きつい部分の革をのばしたり、ゆるいときは、インソールをいれて調整するなど、アフターサービスも充実しています。いつも笑顔で、がんばっています！

ネイルサロン

みなさんは、お姉さんやお母さんがツメ（ネイル）をきれいにぬったり、かわいくデコレーションしているのを見たことがありますか？ 商店街にあるネイルサロン「Shell Pink Plus」では、どんなことをしているのでしょうか？ 仕事のようすを見せてもらいましょう。

ステキな着板！ ワクワクしちゃう！

どんなことをするのですか？

ツメに色をぬったり、いろいろなアートをしたりします。また、ツメがのばせない深ヅメのかたのために、深ヅメ矯正※などもしていますよ。

ネイルアート用のふで。

ネイルケア（ツメの手入れ）につかう道具。

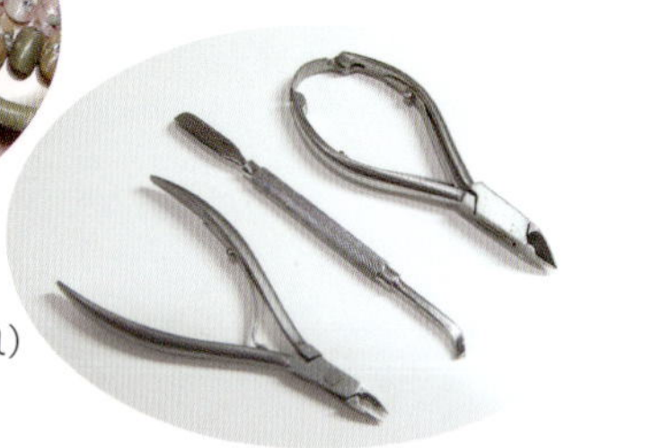

マニキュアがこんなにいっぱい！ でも最近はあまりつかわないそうです。

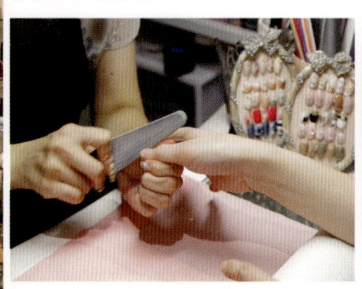
やすりをかけて、ツメの形をととのえます。

ツメの表面にジェルをぬります。

1本ずつちがうネイルアート。

※矯正とは、わるいところを直して、正しい状態にすること。

 **仕事のおもしろさを教えてください。**

お客さんの「こんなふうにしたい」という希望を理解して、アートにできたときに、心からよろこんでもらえることが、とてもうれしいですね。

おしゃれでかわいいネイルアートの見本。こんなにあるんですね！

 **商店街って、どんなところですか？**

いろいろな店が集まっていて、活気がありますね。お客さんが商店街を通って当店にこられるときに、ウインドーショッピングをしながらくると、あっというまにつくように感じられるそうです。帰りには買いものもできて、とても便利ですね。

 **いつもこころがけていることはなんですか？**

お客さんは、働いている女性や主婦のかたなど、大人の女性が多いですね。毎日、がんばっている女性に、心身ともにリラックスしていただけるように、つねにこころがけています。

店内の色づかいや照明なども、落ちついたふんいきです。

お客さんと楽しく会話をすることで、リラックスしてもらいます。

ひとこと　ネイルアートで心身ともにリラックスして、おしゃれに元気になってください。

Shell Pink Plus
（うらもん商店街）

マニキュアをつかうと、乾燥にすこし時間がかかりますが、ジェルはすぐかわくので、お待たせすることがありません。一度ネイルアートをすると、3週間くらいはきれいな状態がつづきますよ。ネイルアートをして、ぜひおしゃれに元気になってください。

かばん屋さん

 外国の店みたいに美しい、商店街にあるかばん屋さん「TERRA PICCOLA」。全面ガラスばりなので、きれいにならべられたバッグやかばんが見えます。どんな商品があるのでしょうか？ちょっと店のなかを見せてもらいましょう。

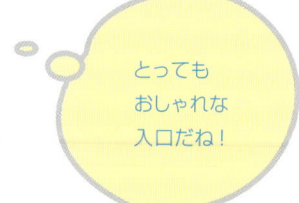 とってもおしゃれな入口だね！

 ## どんな商品があるのですか？

メーカーの展示会に行き、革とデザインにこだわったよい商品を注文して、仕入れます。かばんやバッグは70点ほど、さいふなどの小物は20点ほどです。すべての商品が日本製で、日本の職人さんが、1つ1つていねいにつくったものばかりです。日本のほこる人材や技術を、すこしでも活かしたいと思っています。

色とりどりで、大きさも形もちがうバッグ。見ているだけで楽しい気持ちになります。

 ### どんな工夫をしていますか？

商品を買ってくれたお客さんのリストをつくって、イベントなどの案内をハガキで出しています。また、ときどき商品のならべかたをかえ、店のふんいきをかえるようにしています。

たなの下のカラーボックスに、色ちがいの商品の在庫があります。

商品が魅力的に見えるように、ならべかたを考えます。

 ### どんなお客さんが多いですか？

お客さんは、30代から上の世代の女性が多いですね。週末は、ファミリーやカップルもきてくれます。また、近くにあるホテルの結婚式の帰りなどによってくださるお客さんもいますよ。

犬のリードをつなげるポール。犬の散歩のついでに、立ちよるお客さんもいます。

 ### 商店街って、どんなところですか？

地域の人たちに密着しているところですね。ここは人通りの多い商店街なので、店にとってはとてもよい場所です。またお客さんにとっては、ふらっと立ちよれる、おしゃれでいごこちのよい店でありたいと思います。

おしゃれで楽しい看板。

 ### 仕事の楽しいところとたいへんなところを教えてください。

すてきなデザインや、たくさんの人に出会えることは、とても楽しいです。でも、「こんなバッグがあったらいいなぁ」と考えたデザインが、職人さんになかなか受けいれてもらえず、オリジナルのバッグをつくってもらうまで、4年もかかったりすることもあってたいへんです。

シンプルですてきなデザインのバッグ。

> **ひとこと** メイド・イン・ジャパンのすてきなバッグで、おしゃれになってください。

TERRA PICCOLA（なかまち通り商店街）

バッグ業界も海外ブランドにおされて、日本の職人さんの技術がうしなわれつつあります。でも、日本の「ものづくり」の技術はまけていません。すこしでも多くの人に、日本の技術のすばらしさを知ってほしいと、いつも願いながら仕事をしています。

21

雑貨屋さん

なんだか
おもしろそう！

「雑貨」というと、みなさんは何を思いうかべますか？食器や時計、手帳からゴミばこまで、生活に必要な日用品のことを雑貨といいます。商店街にある雑貨屋さん「WORLDMARKET TAO」には、どんな商品があるのでしょうか？のぞいてみましょう。

商品はどこの国のものですか？

タイ、ネパール、インド、中国、インドネシアなどのアジアの国ぐにに行き、服やアクセサリー、置物などの雑貨を市場や問屋から買いつけて、その国から日本に発送し、店にならべて販売しています。

あざやかな色づかいのせんす。

いろいろな小物がところせましとならんでいます。

すずしそうではきやすそうなサンダル。

 ### 商品はどのくらいありますか？
オススメの商品はなんですか？

服やアクセサリー、かざりものや置物などをあわせると、3,000点ぐらいでしょうか。もともと雑貨が多かったのですが、いつのまにか服がふえてきました。

仕事を通じて、いろいろな国に友だちがいるので、めずらしいものを安く仕入れて販売することができます。タイの服は、夏にきるのにぴったりです。暑い国のものなので、素材に綿やシルクをつかっていて、とてもきごこちがいいですね。天然石のブレスレットは、ほかにはないデザインです。インドのお香は、安くていいかおりですよ。

インドの置物。

パワーストーン。

ワンピースもスカーフもアクセサリーも、安くてビックリ。

 ### どんな工夫をしていますか？

季節ごとにセールをしています。また、ホームページやフェイスブック、ツイッターなどを通じて、インターネット販売もしています。

セールのPOPは手づくり。

> **ひとこと**　エスニックパワーを身につけて、元気をもらってください。

WORLDMARKET TAO（なかまち通り商店街）

現地ではメーカーに行って、サイズ、生地、デザインなどを日本人向けにオーダーすることもあります。ほかにはないデザインや素材のものが、ここにはたくさんあります。ぜひ、いらしてみてください。

薬屋さん

いろいろな種類の薬を売っている薬屋さん。どの薬を選んだらいいのか、お客さんがまよってしまいそうですね。商店街でまちのみんなの健康を見まもっている「クロダ薬局」は、「調剤薬局」という薬屋さんです。どんな仕事なのか見せてもらいましょう。

> ばんそうこうや
> カゼ薬を売っている
> お店だよね！

どんな商品があるのですか？

カゼ薬や頭痛薬などで医師の指示がなくても買える薬や、ビタミン剤などがおもな商品です。ばんそうこうやサポーター、綿棒、ティッシュペーパー、トイレットペーパーなど、衛生用品とよばれる身のまわりでつかうものも販売しています。
薬を売るだけでなく、薬の飲みかたの相談、近くの学校の教室の明るさや空気のよごれの検査、学校などの防災備蓄の薬などの使用期限の管理、スポーツ選手のドーピング※相談などもおこなっています。

※ドーピングとは、スポーツなどで能力を最大に発揮するために薬物をつかうこと。オリンピックなどの競技会では禁止されています。

ケースのなかの「第1類医薬品」は、薬剤師がいないと販売できない薬です。

お客さんに薬をわたしたり、説明したりするカウンター。

薬以外に、毎日の生活に必要なものもあつかっています。

お店のじまんはなんですか？

うちは調剤薬局なので、病院で医師が薬の種類と分量の指示を書いた「処方箋」をもとに薬をまぜあわせて、お客さんに出しています。専門の勉強をして国の試験に受かった薬剤師がいるので、薬についてわからないことや不安なことがあれば、相談も受けています。

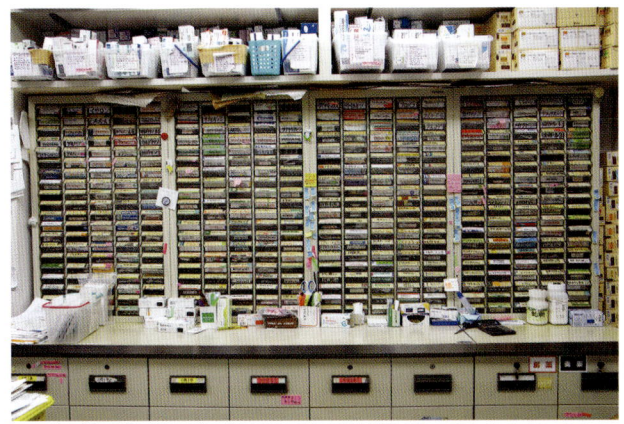
2階にある「調剤室」で、薬剤師が1,000種類もある薬を組みあわせ、処方箋どおりの薬をつくっています。

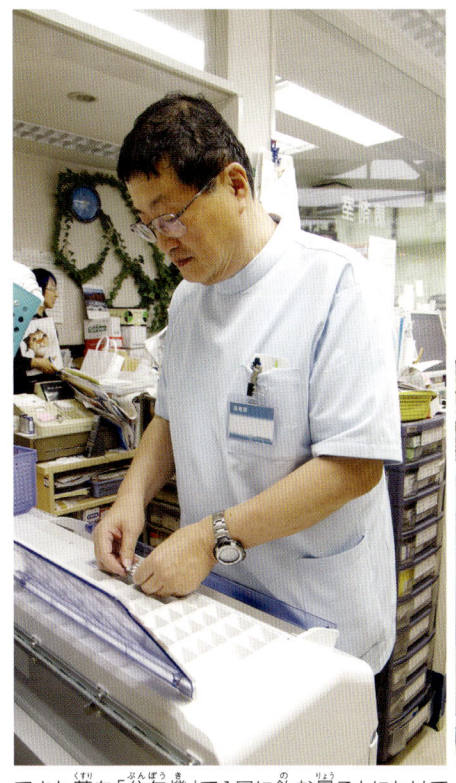
できた薬を「分包機」で1回に飲む量ごとにわけてつつみます。

薬専用のエレベーターで1階へ。

どんなことに気をつけているのですか？

現在、どんな病院へ行き、どんな薬を飲んでいるのか、薬を飲んで具合がわるくなったことはないかなど聞きながら、医師から指示があった薬で問題がないかチェックします。もし、この処方箋の指示はどうかな？と思ったら、すぐに病院に電話して医師と話して確認します。

薬を出すときにはお客さんと会話して、健康状態や体調の変化もチェック。

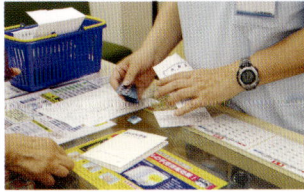
薬といっしょに薬の名前や量を書いたシールをわたします。「お薬手帳」という小さな手帳にはっておけば、だれが見てもいつどんな薬を飲んできたかがわかります。

ひとこと

長くこのまちにある店だからおたがいのことがわかります。

クロダ薬局（荻窪南口仲通り商店街）

大正14年からこの場所にある薬局です。お客さんには、父の代からの顔なじみのかたも多くいらっしゃいますよ。うちのようにむかしからあるまちの薬屋は、店の人がかわらないので、相談しやすいのではないでしょうか。わたしもお客さんと会話していて、最近は体調がよさそうだな、ちょっと元気がないななど、相手の変化がわかります。

マッサージサロン

おじいちゃんやおばあちゃんの肩をもんだり、たたいたりしたことはありますか？マッサージとは、体のかたくなったところを、もみほぐすことです。商店街にあるマッサージサロン「BANGKOK」では、どんなマッサージをしているのでしょうか？仕事のようすを見せてもらいましょう。

看板の絵がちょっとフシギ…

 **どんなマッサージをするのですか？**

お客さんのつかれている体をいやす、「タイ古式マッサージ」です。指圧とストレッチを組みあわせた、どくとくのマッサージで、数百年の伝統があります。マッサージのわざは、何百種類もあります。「2人でするヨガ」ともいわれ、呼吸をあわせながらおこなうのがポイントです。

げんかんには、東南アジアの置物がかざってあります。

赤い服が印象的な人形。

フシギな感じがする照明。

アロマオイルなどのやさしいかおりに、しずかな音楽がながれ、部屋は落ちついたふんいきです。

 **どんなお客さんが多いですか？**

女性もいらっしゃいますが、働きざかりの40〜50代の男性のお客さんが多いです。お客さんのなやみは、肩こり、眼のつかれ、頭痛、腰痛、筋肉痛、全身のつかれ、足のむくみ、不眠など、1人1人ちがいます。ゾウが歩くようなゆっくりしたリズムで、マッサージをします。

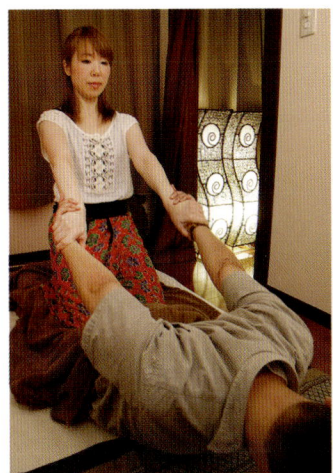
腰と背中のストレッチ。

腰のひねりでストレッチ。

わき腹と肩甲骨のストレッチ。

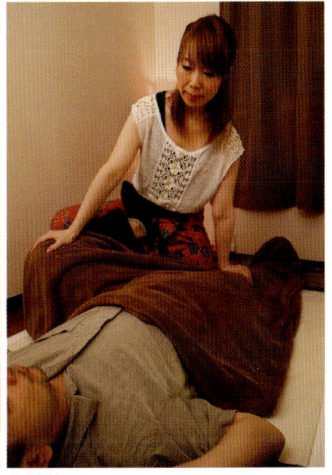
股関節のストレッチ。

 **仕事のおもしろさとむずかしさを教えてください。**

日本式ではなく、タイ式というところが、他国の伝統文化にふれることができて、おもしろいですね。また、お客さんに「気持ちよかった」とよろこんでいただけることが、うれしいです。むずかしいのは、体の大きさやかたさ、つらいところが1人1人ちがうので、お客さんにあわせたマッサージをすることです。

着がえをもっていかなかった人には、タイの服を貸してくれます。

腕のマッサージ。

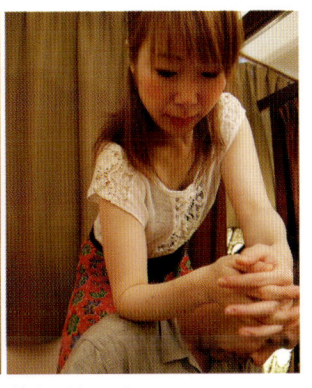
首のストレッチ。

> **ひとこと**
> **体と心のつかれをほぐし、元気をチャージします！**

BANGKOK（なかまち通り商店街）

タイで修業した日本人とタイ人スタッフによる、本格的なタイ古式マッサージです。体をほぐすと同時に、心のリラックス効果もあります。「世界一気持ちいいマッサージ」といわれるタイ古式マッサージを、ぜひ体験してみてください。

カラオケ店

いま、はやっているあの曲を歌ってみたい！

好きな曲を、伴奏にあわせて歌えるカラオケ。大きな声で歌うと、ストレスも発散できて、気分もすっきりして元気になります。食べたり飲んだり歌ったりできる、商店街にあるカラオケ店「ビッグエコー浦和店」を、ちょっとのぞいてみましょう。

どのくらい曲があるのですか？

むかしの曲から最近の曲まで、日本の曲や外国の曲をあわせると、全部で20万曲以上のデータがあります。専用の機械の画面から、歌いたい曲名や歌手の名前を選びます。人気があるのは、アイドルの歌やアニメの歌、歌謡曲ですね。

曲名や歌手をさがすのも、タッチパネル式だから、かんたん！

広くて明るいカラオケルーム。個室だから思いっきり歌えます。

人気のメニューはなんですか？

お客さんからの注文が多いのは、チキンバスケットやフライドポテト。最近は、「ママ友」が、小さなお子さんをつれてくることが多いので、かた手で、気軽にかんたんに食べられるものが人気です。

タンバリンとマラカスは、貸しだしてくれます。伴奏にあわせて盛りあげよう！

人気のメニューを、さあどうぞ！

注文はどうやって受けるのですか？

カラオケルームの電話が、受付につながります。どの部屋から電話がかかってきたか、赤いランプがつくのでわかります。注文を受けたら、専用の機械の画面でメニューを選んでタッチします。注文が記録されて、ちゅうぼうに伝わります。

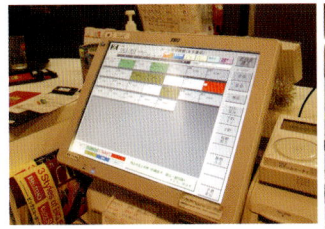
あき部屋や使用中の部屋、時間をオーバーしてつかっている部屋がひと目でわかる「ルーム管理画面」。

指でタッチして、注文を記録します。

ひとこと
カラオケでリフレッシュして、元気になってください。

ビッグエコー浦和店（なかまち通り商店街）

カラオケは、社会こうけんだと思っています。仕事や家事などでたまったストレスを、カラオケで思いっきり歌うことで発散して、リフレッシュできるからです。カラオケ店は、人が元気になる場所です。

商店街探検図鑑 ①

集まれ！ おもしろい名前の商店街

日本全国には楽しい名前や、おもしろい名前の商店街がたくさんあります。どんな名前があるのかな？

「トロントロン商店街」―宮崎県川南町

まちのみんなの待ちあわせ場所にわきでていた水の音が、「タランタラン」と聞こえたのが「トロントロン」にかわり、そのあたりをさす地名になったそうです。商店街では毎月第4日曜日に、150台の軽トラックがならんでさまざまな商品を売る、「トロントロン軽トラ市」をおこなっています。

ほかにもたくさん！

●「つるりん通り商店街」―大分県別府市 ●「ナメラ商店街」―兵庫県三木市 ●「ドンドン商店街」―神奈川県横浜市 ●「猫の足あと通り」―宮崎県宮崎市 ●「アポポ商店街」―埼玉県入間市

みんなもさがしてみてね！

商店街にあるバス停の名前も「トロントロン」！

「トロントロン軽トラ市」は大にぎわい！

協力、写真提供：宮崎県川南町商工会（TMO）

29

商店街探検図鑑 ②

商店街にはまちを明るく楽しくするしかけがいっぱい。じっくり観察して、発見してみよう！

名前をさがせ！

入口に名前がしるされたものがある商店街もあります。アーチだったり、ネームプレートだったり、石碑だったり。みなさんの身近な商店街には、どんな形で名前がしるされているか、さがしてみましょう。

道路にうめこまれたタイプです。さくら草の花がデザインされています。（さくら草通り商店街）

このように門になったものをアーチといいます。暗くなるとあかりがつき、商店街の入口を目立たせます。（荻窪南口仲通り商店街）

子どもやお年寄りにも見やすい高さのネームプレート。（なかまち通り商店街）

街路灯に注目！

道路のわきにあるあかりです。商店街ごとにとくちょうがあります。フラッグや、季節のかざりをつけている場合もあります。夜でも明るく安全なまちにするために、街路灯をつくる費用だけではなく、電球交換や電気代などの費用を商店街が出しています。

商店街の名前にあわせて、すずらんの花の形です。（経堂すずらん通り商店街）

和風な街路灯とイメージキャラクターのあざやかなフラッグ。商店会の名前もついています。（八丁通り商店街）

3本のはしらで組まれたスリムな街路灯の下には「西遊記」の人形がありました。（谷保駅北口商店街［国立富士見台商店連合会］）

ドコカノ町 子ども探偵団 報告書

ミッション2

子ども探偵団の2つ目のミッションも大成功！
ドコカノ商店街二番街へ行った3人は、今回も何か新しいことを見つけたようです。

ミッション：スズキさんの妻、ミドリさんがキラキラする理由をさぐる！

スズキさんの依頼でミドリさんをおいかけて、ドコカノ商店街二番街へ行きました！

ドコカノ商店街二番街は、ブティックや美容院、くつ屋さんやかばん屋さんがあり、医院や薬屋さんもあるエリアです。出かけていったミドリさんがキラキラしちゃうヒミツは、ここにありました。

そのヒミツは……「おしゃれ」になれる場所だった！

二番街にある多くの店は、おしゃれに関係があるものを売る店です。それぞれの店では、店にどんな商品をおきたいか、お客さんはどんな商品がほしいのかなど、考えて仕入れをしていました。また、どこからどんな商品を仕入れるか、つかわれている材料は何か、といったことまでこだわって選んでいることもわかりました。長年その仕事をしてきた人たちが、しっかり選んだおしゃれな商品がたくさんあったのです。

もう1つのヒミツは……「きれい＆元気」になれる店だった！

ものを売らない店もありました。マッサージサロンやネイルサロン、美容院、カラオケ店などです。こういう店は商品をならべて売るのではなく、人を元気にしたり、きれいにするサービスを提供します。医院と薬屋さんもありました。商店街にあると、病気になったり、体のちょうしがわるいときにすぐに行けるので、とても便利だと思いました。

商品の産地や材料にまでこだわって仕入れているなんて、すごいや！商店街の店の人って、ものを売っているだけじゃなく、売っている商品のことをくわしく知っているんだ。さすがだな！
ぼくらも、買うときに商品のことをちゃんと知っていれば、いい買いものができるんだね。

商店街って買いものをする場所だと思っていたけれど、キレイになれるところだったなんて知らなかった！
商品を買うときも、たなから手にとってレジへもっていくだけじゃないんだね。どんなものがにあうか、アドバイスしてもらえるなんて、ステキ！
わたしも、今度はもっとかわいくなるヘアースタイルの相談をしたいな！

そういえば、前にお父さんが買いものの帰りに医院へ行ってきたっていってたっけ。ついでによってこられるから、商店街にあると便利だなっていってたよ。すぐに行けるとすぐに元気になれていいよね！

まとめ

スズキさんは自分をおいてきぼりにして、1人で出かけるミドリさんに不安を感じていたみたいだけれど……。
ミドリさんの行く店をのぞいているうちに、大好きなスズキさんのために、元気できれいにしていたいと、がんばっていたんだ！ということがわかりました。
ミドリさんの気持ちと商店街のいろいろな店を知ったら、スズキさんまで元気でかっこよくなっちゃった！
商店街って人を元気にしたり、おしゃれにしてくれるプロがいて、つかれた心や体を、キラキラにしてくれるんだね。
商店街は、キラキラ気分になれる、「人がかがやく場所」でした！

会長さん・理事さん インタビュー

商店街って、どんなところですか？

荻窪駅南口仲通り商店街を歩くと、あちらこちらに季節の花があります。からさないように毎日世話をするのは店の人たちです。

きれいで明るく、安全な場所でなければ。

荻窪南口仲通り商店会 会長　**辰巳敬一**さん

「なぜ商店街は道路をきれいにしているの？」と子どもが聞いたときに、親が「お店がもうけたいからよ」と答えたのを耳にして、残念に思ったことがあります。もし、「自分の店がもうかればいい」としか思っていないのなら、商店街で活動をおこなう必要はありません。

街路灯や歩道などを新しくつくるときには補助金が出ますが、修理や電球の交換、電気代をはらったりするのは商店街です。ほかにも、まちをきれいにするための花をたやさないようにしたり、街路灯には季節ごとにかざりをつけ、夏と冬には準備に2か月もかけてイベントをおこなったり。

みんな自分の店の仕事でいそがしいのに、時間をさいて費用もかけて活動しているのです。それはなぜでしょう？　商店街は、「地域のためにきれいで明るく、安全な場所でなければならない」という思いがあるからです。

大きなコミュニティ※を つくるための中心です。

烏山駅前通り商店街振興組合［えるも〜る烏山］
専務理事　**松永克己**さん

毎年、地域の小学生がかいた絵をフラッグにして、商店街にかざります。子どもが参加できるしかけも大切です。

いままでの商店街は、地域とのつながりも商店街のなかの店どうしのつながりもなく、バラバラでした。しかし、これからの商店街には、「このまちを、こういうふうにしたい！」と意見を出して動いて、地域の人びとといっしょになり、商店街だけにとどまらない大きなコミュニティを協働してつくっていく役割があると思います。

さまざまなイベントも、そのような動きの1つです。季節によって変化をつけ、商店街を歩いて楽しい場所にすることで、足をはこんでもらうきっかけをつくります。人がたくさんいてにぎわいのあるまちは、安心で安全なまちになります。商店街にはそういった地域の環境をつくる使命もあるのです。

※コミュニティとは、同じ地域にいて、むすびつきのある人びととの集まりのこと。

もっと！
商店街をさぐれ ②

まちを明るく、にぎやかにする
商店街の㊙アイデア

たくさんの人に商店街にきてもらい、親しんでもらうことで、
まちをもっと明るくにぎわいのある場所にするため、
商店街ではさまざまなアイデアを出して工夫しています。
どんな工夫があるのでしょう？
さっそく、さぐってみましょう！

阿佐谷パールセンター「阿佐谷七夕まつり」

アイデア その1

地域を盛りあげる！季節のイベント

行けばきっと楽しいことがある！
商店街では季節にあわせたイベントや、地域ぐるみのイベントをおこなうこともあります。みなさんのまちの商店街には、どんなイベントがあるか知っていますか？

ドコカノ商店街にはイベントがたくさん！

ドコカノ商店街 年間イベントスケジュール

1月	もちつき大会／新年お年玉セール
2月	バレンタインセール
3月	—
4月	ドコカノ桜祭り
5月	母の日セール
6月	父の日セール
7月	サマーセール
8月	ドコカノ夏祭り／盆おどり
9月	防災訓練
10月	ハロウィン仮装大会
11月	イルミネーション開始
12月	ウインターセール／ニコニコ抽選会

セール
季節の商品などを、とくべつに安く売り出します。毎年、決まった時期におこなうので、みんなが楽しみにしています。

季節のかざりつけ
季節にあわせて、商店街のかざりや店のかざりをかえるところもあります。見つけてみましょう。

夏祭り
店の前や広場に屋台を出したり、ちょうちんをかざったり。盆おどりや、ステージでダンスや歌の発表会をおこなったり、子どもも大人も楽しいイベントです。

イベントがない月も、つぎのイベントの準備をしています。

抽選会
すてきな商品や、商店街でつかえる商品券があたります！

みんなが待っている！元気いっぱいの夏祭り

イベントがあるときは、商店街にお知らせのポスターがはられます。見おとさないようにチェックしましょう！いろいろな大会があるようですね。どれに行こうかな？
（「からすやま夏まつり」えるも～る烏山）
――東京都世田谷区

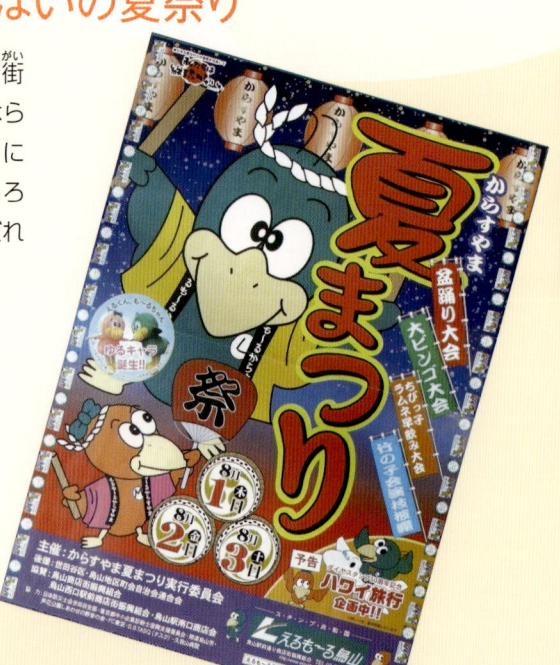

「からすやま夏まつり」の盆踊り大会は小さな子どもから、若い人、お年寄りまでみんなが楽しみにしています。会場は大にぎわいです。

協力、図版提供：烏山駅前通り商店街振興組合

もっと！
商店街をさぐれ
❷

きらきらかがやくウインター・イルミネーション。いつもの商店街とちがって見えます。(えるも～る烏山)
──東京都世田谷区

今日は子どもだけのお祭りだ！

夏休み最後の日曜日は子どものためのお楽しみイベント。輪投げや射的、金魚すくいやヨーヨーつりにチャレンジ。商店街の人たちがイベントを盛りあげてくれます。(「わんぱく祭」前地通り商店街)──埼玉県さいたま市

協力、写真提供：前地通り商店会

ロマンチックな冬のいろどり

商店街の人が育てたもみの木が、クリスマスツリーになりました！(荻窪南口仲通り商店街)
──東京都杉並区

毎月おなじみのイベント

商店街が古本屋さんになっちゃった!? 毎月第4木曜～日曜日の4日間に、4万さつの古本がならべられる古本市が開かれます。(「浦和宿古本いち」さくら草通り商店街)
──埼玉県さいたま市

何があたるか、お楽しみ！

冬の楽しみは抽選会。買いものをするともらえるスクラッチカードで、商品券や、はち植えの花があたります。(「仲通り・ウィンター・フェスティバル」荻窪南口仲通り商店街)
──東京都杉並区

協力、写真提供：荻窪南口仲通り商店会

イベントのヒミツ

　イベントの準備は、それぞれ自分の店の仕事もしながらおこなうので、時間もてまもかかりたいへんです。それでも1年間にさまざまなイベントをおこなうのは、「売上をあげたいから」という理由だけではありません。イベントをおこない、多くの人に商店街へ足をはこんでもらうことで、地域が明るくにぎやかになるからです。さびしいまちより、活気のあるまちのほうがいいですよね。商店街はまちの一員として、地域の活性化や発展のことも考えているのです。
　そしてもう1つ大切なことがあります。商店街の店どうしが集まり、いっしょに1つのことをする、市区町村や消防署、警察署、地域に住んでいる人とも顔をあわせていっしょに行動することで、もしも災害などが起こったときに、あわてず団結して行動する、練習にもなるのだそうです。

アイデア その1
地域を盛りあげる！季節のイベント

商店街のお祭りが、まちを代表するイベントになった！

人気が高くなり、よその地域からわざわざ多くの人が見にくるようになった商店街のイベントもあります。そのイベントが全国に知られることで、まち自体も有名になります。商店街のイベントのおかげで、まちが盛りあがっているんですね。

商店街の店の人の手づくりのかざり。いろいろなアイデアがあって楽しい！

まちに人とにぎわいをよぶ！商店街手づくりの「阿佐谷七夕まつり」

まだ冷房器具がない時代、真夏の暑い時期にまちに人をよぶにはどうしたらいいか？ 当時の商店街の人たちが考えて、日本のあちこちの祭りを見に行き、「これだ！」と思ったのが七夕祭りでした。

そして昭和29年に第1回目の「阿佐谷七夕まつり」がおこなわれました。とくちょうは、いまもかわらない商店街の人たちによる手づくりの七夕かざり。その年の流行やできごとをとりいれた楽しいかざりを見るために、よそのまちからもお客さんがおとずれるようになりました。いまでは、祭りの5日間で70万人以上の見物客が阿佐谷にやってくるそうです。
(阿佐谷パールセンター)——東京都杉並区

地域の学校や子どもたちも、かざりづくりに参加しています。

「阿佐谷七夕まつり」のヒミツ

こんなに大がかりなイベントですが、じつはかざりをつくるのもアーケードのなかにつりさげてかざるのも、みんな商店街の人たちがおこなっています。大きくにぎやかなイベントにするため、なるべくよけいな費用はかけないようにという工夫です。かざりづくりは商店街の店だけではなく、地域の学校や個人にも参加してもらい、地域とのつながりも深めています。

また、かざりは竹をつかった骨組みとハリガネと紙でできた「ハリボテ」で、なかはからっぽなので、イベントが終わったあとのゴミがすくないのもじまんです。

協力、写真提供：阿佐谷商店街振興組合
(Yasuhisa Hosono)

もっと！
商店街をさぐれ
❷

スーパーボールや金魚すくい、ヨーヨーつり、食べものの屋台なども商店街の人が出しています。おいしいものもたくさんありますよ！

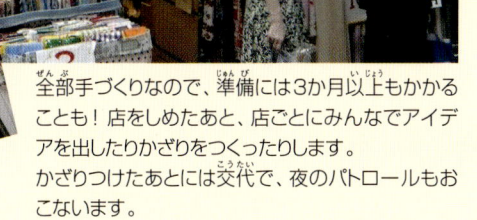

全部手づくりなので、準備には3か月以上もかかることも！店をしめたあと、店ごとにみんなでアイデアを出したりかざりをつくったりします。
かざりつけたあとには交代で、夜のパトロールもおこないます。

商店街のイベントから市の顔になった！「水戸黄門※まつり」

　第二次世界大戦前から、水戸の商店街には地元の人が楽しみにしている「七夕まつり」「広告祭」という2つのイベントがありました。戦争でいったんは中止されていましたが、戦後、商店街の人びとの力で復活し、昭和36年に「第1回水戸の七夕黄門まつり」がおこなわれました。その後、祭りは発展していき、いまでは「水戸黄門まつり」という名前で、商店街だけではなく水戸市を代表する大きなイベントの1つになっています。大名行列、神輿、山車、花火大会などがおこなわれ、たくさんの観光客もやってきます。
　──茨城県水戸市

協同組合泉町商店会の山車。ほかにも市内の商店街がもつ山車が出て、祭りを盛りあげます。

昭和36年の祭り。水戸黄門と家臣の役は、当時の水戸市の市長、商工会議所副会頭、水戸観光協会長でした。

※水戸黄門とは、江戸時代の水戸藩の藩主・徳川光圀のことで、映画やテレビの時代劇で、日本中だれもに「黄門さま」として知られている大人気の人物。

協力、写真提供：一般社団法人 水戸観光協会

アイデア その2
買いものを楽しくする！
スタンプ＆ポイントカード

買いものをすればするほどお得になる？
商店街ではオリジナルの
スタンプやポイントカードで、
買いものが楽しくなるしくみを
つくっているところもあります。
どんなしくみかさぐってみましょう。

日本ではじめてとりいれた商店街オリジナルのスタンプとポイントカード

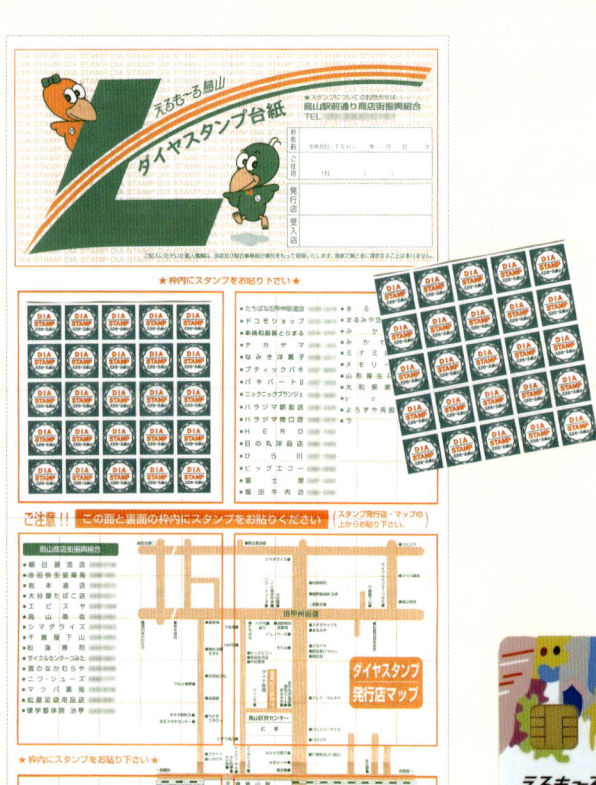

買いものをすると、金額におうじてもらえるスタンプ。シールやハンコ、ポイントカードなどいろいろなタイプがありますが、このスタンプを昭和40年に日本ではじめて本格的にとりいれた商店街は、「えるも〜る烏山」でした。まちに、大型スーパーが出てくることがわかり、「商店街の売上がへらないようにするにはどうしたらいいか？」と当時の「えるも〜る烏山（烏山駅前通り商店街）」の役員のかたが考え、買いものをしてスタンプを集めて台紙にはると、商品とかえることができる「ダイヤスタンプ」をつくりました。これはとても新しいアイデアだったのです。

その後、手軽につかえる「ラックカード」もつくり、いまでは商店街がある京王線千歳烏山駅で1日にのりおりする約75,000人のうち、半分くらいの人がえるも〜る烏山のポイントカードをもっているというほど、人気となっています。
（えるも〜る烏山）――東京都世田谷区

ダイヤスタンプ
商店街の店で買いものをすると、100円につき1枚（1ポイント）の「ダイヤスタンプ」がもらえます。たまっていくのが目に見えるのがいいところです。

ラックカード
スタンプと同じで、100円ごとに1ポイントたまります。名前や住所を登録してあるので、落としても事務所にとどければもち主がわかります。

協力、図版提供：烏山駅前通り商店街振興組合

「ダイヤスタンプ」「ラックカード」の人気のヒミツ

ダイヤスタンプは商品券になる！
- 台紙に350枚全部はると、商店街の店でつかえる500円の商品券になる

ラックカードのポイントは買いもの以外でもためられる！
- 「ボランティアポイント」：毎月の清掃活動に参加するともらえる
- 「ノー包装ポイント」：レジぶくろや包装紙を「いらない」というともらえる
- 「リサイクルポイント」：つかいおわったインクジェットプリンターのカートリッジを商店街の事務所にもっていくともらえる
- 「相談ポイント」：商店街事務所1階にある「なんでもステーション」でこまったことなどの相談をするともらえる
- 「ペットボトルポイント」：決められたペットボトル回収機にいれるともらえる

たまったポイントも買いもの以外でもつかえる！
- 商店街にある信用金庫や銀行でポイントを貯金できる
- 商店街の「夏まつり」で「縁日券」として屋台でつかえる
- 映画館のチケットや、駐車場の回数券と交換できる
- 地元の文学館の入場料としてつかえる
- ディズニーランドのチケットと交換できる（「夏まつり」会場で）

もっと！
商店街をさぐれ
❷

店をまわってスタンプを集める！スタンプラリー

　決められた期間内に、商店街のいくつかの店で決まった金額以上の買いものをしてスタンプをおしてもらうのがスタンプラリー。商店街のいろいろな店に行ってもらうきっかけづくりになります。
　八丁通り商店街では毎年12月にスタンプラリーをおこない、3つの店のスタンプを集めると、1回抽選ができます。抽選では商店街でつかえる商品券があたり、1等はなんと1万円！商品券は6等の100円まであります。
（八丁通り商店街）――東京都杉並区

抽選でもらえる「はっちゃん商品券」。スタンプラリーに参加した商店街の店でお金と同じようにつかえます。

かわいいイメージキャラクターのはっちゃんは3巻で紹介します。

協力、写真・図版提供：八丁通り商店会

なぞの組織？「商店会」「振興組合」とは？

　○○商店街という名前といっしょに、○○商店会、○○商店街振興組合などという名前を見たことはありませんか。なぜ2つの名前があるのでしょう？
　商店街では、イベントやPR、街路灯や歩道の整備、地域こうけんなど、さまざまな活動もおこなっています。そんな活動をおこないやすくするために、商店街の店が集まってつくっているのが、「商店会」や「商店街振興組合」や「協同組合」などです。「商店街振興組合」「協同組合」は法律で決められた条件があり、自治体にとどけを出して認められた団体です。「商店会」はとどけを出さないでつくれます。
　会をまとめる役は会長や理事長で、いろいろな部や委員会をつくり、仕事をぶんたんしている場合もあります。専用の事務所や、事務専門の人をおいていることもあります。
　商店街の店は会員になってさまざまな仕事をぶんたんするほか、会費をおさめ、その会費はまちをにぎやかで安全な場所にするためにつかわれています。ポイントなどで利用者が得するしくみにも、こういった会費がつかわれています。

「えるも〜る烏山」の事務所入口。「えるも〜る烏山」は商店街の名前で、「えるも〜る烏山」の店が集まってさまざまな活動をおこなう団体の名前が「烏山駅前通り商店街振興組合」です。

41

アイデア その3
商店街のいいところを、アピール！フリーペーパー

読んだらきっと行きたくなっちゃう！？
商店街では、店のことや商店街のことをもっとたくさんの人に知ってもらうために、いろいろな方法でお知らせをしています。
その1つが、フリーペーパーやフリーマガジン。ただでもらえる、情報いっぱいの冊子です。

商店街のいいところをお知らせ！フリーマガジン『やっほー』

東京都国立市の谷保駅の近くにある国立富士見台商店連合会※では、年4回、8ページのフリーマガジン『やっほー』を出して商店街をPRしています。商店街のフリーマガジンって、どんなことがのっているのでしょう？なかを見せてもらいましょう。

※国立富士見台商店連合会とは、谷保駅北口商店街、むっさ21（富士見台名店街）、国立ダイヤ街の3つの商店街でつくられた会。

地元の店のいいところを紹介
3つの商店街にある店のなかから、テーマにあった店を紹介していきます。この号は、魚屋さん、肉屋さん、八百屋さんが、それぞれの商品について教えてくれています。買いものの参考になりますね。

表紙はまちの「笑顔」！
毎号、商店街の店の人が表紙の写真に登場！なんだかみんな楽しそう。笑顔がかがやいています。あれ？商店街ヒーロー「やほレンジャー」の姿も見えますよ！

『やっほー』のヒミツ

国立富士見台商店連合会のフリーマガジン『やっほー』をつくっているのは、じつは地元の一橋大学を中心とした大学生のみなさんです。商店街の人や、地域に住んでいる人たちといっしょに、この地域の商店街とまちを盛りあげる活動をしていて、そのなかの1つとして『やっほー』の編集をしているのです。どんな記事をのせ、どの店に取材するか、どんな表紙にするかメンバーで話しあい、自分たちで取材して写真を撮り、デザインもしています。商店街で『やっほー』の手配りもしているんですよ。

フリーペーパー以外にもやほレンジャーなど、このまちにはもっとヒミツがあるのですが……、くわしくは4巻で紹介します。

わたしたちが編集メンバーです！

ただいま編集会議中。どんな内容にしようか？こんな特集はどう？楽しくするアイデアを出します！

協力、写真・図版提供：NPO法人 くにたち富士見台人間環境キーステーション

42

もっと！商店街をさぐれ ②

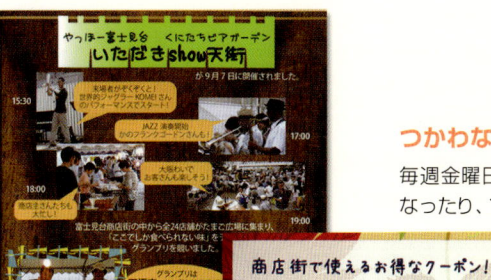

つかわないともったいない！わりびきクーポン

毎週金曜日に『やっほー』をもって店に行けば、料金が安くなったり、プレゼントをもらえたり、お得なことがあります！

ちょっと役立つ、楽しい読みもの

店の人がじょうずなつつみかたを教えたり、オススメの本を紹介したり、役に立つ情報がのっています。イベントの報告もあります。こんなに楽しそうなら、つぎのイベントは行きたいな！

裏表紙もチェック！

これから商店街でおこなわれるイベントなどのお知らせがのっています。
4コママンガもありますよ！

どこに行けば、もらえるの？

『やっほー』は商店街の店や、谷保駅などの決められた場所におかれていて、だれでももらえます。なんと、毎週金曜日には、「やほレンジャー」が商店街で配っています！

協力、写真・図版提供：NPO法人 くにたち富士見台人間環境キーステーション

本屋さんにならぶ雑誌みたい！商店街を深く知るフリーマガジン『南街』

茨城県水戸市の南町二丁目商店街では、年に2回、24ページのフリーマガジンを発行しています。商店街のとりくみを、きれいな写真と解説の文章で紹介。オススメのグルメやショップガイド、くらしに役立つ情報ものっていて、お得なクーポンチケットもついています。読んだら商店街のことがよくわかり、すぐにでも行ってみたくなりますよ！

イベントのお知らせや報告も。

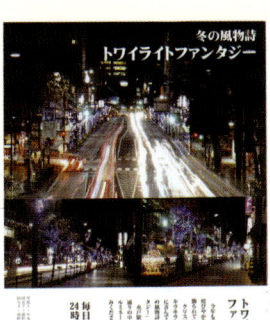

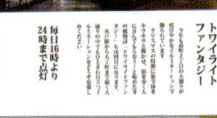

商店街のグルメ情報がいっぱい！

協力、図版提供：南町二丁目商店街振興組合

43

アイデア その4
情報をすばやく発信！インターネット

インターネットをつかって、商店街のよさやいろいろな情報、活動をお知らせしている商店街もあります。
インターネットのいいところは、新しい情報をすばやく、たくさんの人に知らせることができること。
どんなことをどう知らせるか、商店街によってさまざまに工夫しています。

商店街のすべてがわかる!? ホームページ

まずは商店街のホームページをのぞいてみましょう。その商店街がどんなことを伝えたいのか、よくわかります。

地域とどんなふうにかかわっているのか、そのとりくみがわかるようなホームページもあります。

イチオシ情報
いま、一番伝えたいこと、PRしたいこと、季節のお得な情報などがわかります。

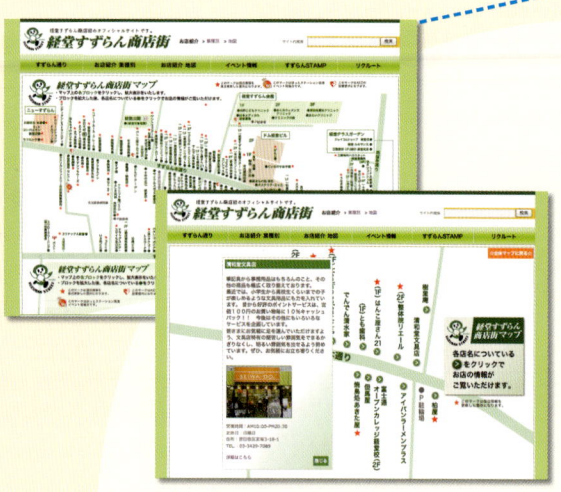

商店街マップ
どこにどんな店があるかさがせます。拡大すると、それぞれの店の紹介や定休日などの情報も読めます。

店情報
新しくできた店を紹介しています。

商店街のとりくみ紹介
買いものに行くだけではわからない、商店街の地域こうけんなどのとりくみを紹介しています。

（経堂すずらん通り商店街）――東京都世田谷区

協力：経堂商店街振興組合

44

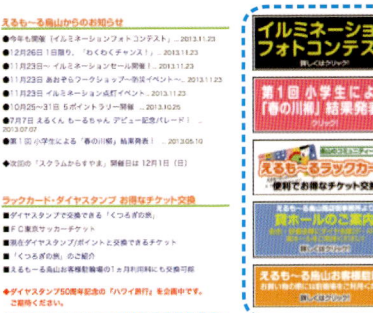

もっと！商店街をさぐれ ❷

商店街のイメージを伝える
商店街の店の人の笑顔を出すことで、明るさや親しみやすさ、安心感が伝わりますね。

知りたいことがわかる
商店街のことでわからないことがあるときは、ここからしらべられます。まとめてあるので、わかりやすいですね。

お知らせ
次回のイベントなどのお知らせを目立つところにわかりやすくのせています。

ツイッター
新しい情報や、イベントの報告などはツイッターで、どんどんつぶやいていきます。

（えるも〜る烏山）——東京都世田谷区

す ばやく情報を発信する ブログ、ツイッター、フェイスブック

ブログやツイッター、フェイスブックでは、ホームページよりもっと親しみやすい文章や写真で、商店街のできごとや、商店街の人が感じたことなどを紹介しています。

また、かんたんに記事をのせることができるので、ホームページよりも早く新しい情報をのせている場合もあります。

ブログとは、日記のように書きこみができるWebサイト。ツイッターは、140文字以内の短い文章をインターネット上にのせて、みんなに見てもらうことができるWebサイトです。フェイスブックは、インターネット上で人とつながることができるサービスで、写真をのせたり、イベントのお知らせもできます。だれもが見ることができ、見た人がコメントできるようになっている場合もあります。

ブログ
（国立富士見台商店連合会）——東京都国立市

フェイスブック 
（荻窪南口仲通り商店街）——東京都杉並区

協力：烏山駅前通り商店街振興組合、NPO法人 くにたち富士見台人間環境キーステーション、荻窪南口仲通り商店会

協力商店街紹介

この本をつくるために協力してくれた商店街を紹介します。

なかまち通り商店街
[仲一街商店会]
——埼玉県さいたま市

浦和駅西口、通称なかまち通りぞいにある商店街。新旧のはば広い業種の店があり、買いもの客でにぎわいます。

さくら草通り商店街
[浦和中央商店街振興組合]
——埼玉県さいたま市

浦和駅西口、旧中山道の西側につづく商店街。ベンチやオブジェも見られ、1年中多くのイベントがあって、活気があります。

荻窪南口仲通り商店街
[荻窪南口仲通り商店会]
——東京都杉並区

荻窪駅南口すぐにある商店街。おしゃれな店や楽しい店も多く、いつも季節の花がたえない、ゆっくり歩きたくなる商店街です。

うらもん商店街
——埼玉県さいたま市

浦和駅西口の旧中山道をこえて、県庁方面へのびる商店街。歴史を感じさせる、落ちついたふんいきがあります。

八丁通り商店街
[八丁通り商店会]
——東京都杉並区

荻窪駅北口徒歩5分、青梅街道ぞいにある商店街。商店街には神社や銭湯、乾物店などもあり、イチョウの並木がきれいです。

経堂すずらん通り商店街
[経堂商店街振興組合]
——東京都世田谷区

経堂駅北口にあり、さまざまな業種の約150けんの店がならびます。防災などの地域こうけん活動にも力をいれています。

国立富士見台商店連合会
——東京都国立市

谷保駅北口にある3つの商店街[谷保駅北口商店街、むっさ21（富士見台名店街）、国立ダイヤ街]がいっしょにユニークな活動をおこなっています。

えるも～る烏山
[烏山駅前通り商店街振興組合]
——東京都世田谷区

千歳烏山駅の南北に広がる商店街。日本で最初にスタンプをはじめたり、さまざまな地域こうけんを活発におこなっています。

阿佐谷パールセンター
[阿佐谷商店街振興組合]
——東京都杉並区

阿佐ケ谷駅南口からのびる、アーケードのある商店街。新旧さまざまな店がのきをつらね、七夕まつりなどのイベントもさかんです。

前地通り商店街
[前地通り商店会]
——埼玉県さいたま市

浦和駅東口、前地通りの商店街。地域の活性化にこうけんする元気な商店街として、埼玉県に認定されています。

南町二丁目商店街
[南町二丁目商店街振興組合]
——茨城県水戸市

水戸駅北口に近い、全長約260ｍの商店街。各店ごとの商品開発や、イベント、まちの整備にも力をいれており、多くの人でにぎわっています。

46

さくいん

あ
アーチ……………………………30
阿佐谷七夕まつり ……………35,38
阿佐谷パールセンター… 35,38,46
アパレルメーカー ………………13
アポポ商店街 ……………………29
医院…………………… 14,15,32,33
医師…………………………… 24,25
イベント …… 9,21,34,36,37,38,
　………………… 39,41,43,45,46
インターネット ……………23,44,45
ウインター・イルミネーション ……37
ウインドーディスプレイ ………13
Web ………………………………45
うらもん商店街 ……………… 19,46
衛生用品……………………………24
えるも～る烏山 ……………………
　………… 34,36,37,40,41,45,46
荻窪南口仲通り商店街 ………………
　……………… 13,25,30,34,37,45,46

か
街路灯 ……………………… 30,34,41
活性化 ………………………… 37,46
カット ………………… 6,7,8,9,10,11
かばん ……………………………20
かばん屋さん ……………………20,32
カラオケ ……………………… 28,29
カラオケ店 ………………… 28,29,32
カルテ ……………………………14
眼科 ………………………… 14,15
患者 ………………………… 14,15
着付け ………………………… 6,9
矯正 ………………………………18
協同組合 …………………………41
経堂すずらん通り商店街 … 30,44,46
クーポン …………………………43
薬 ……………………………… 24,25
薬屋さん …………………… 24,32
くつ ……………………………16,17
くつ屋さん …………………… 16,32
国立富士見台商店連合会 ……………

…………………………… 30,42,45,46
国の試験 ………………… 6,10,25
コミュニティ ……………………34

さ
さくら草通り商店街 … 11,30,37,46
雑貨 ……………………………22,23
雑貨屋さん …………………………22
ジェル ……………………………18,19
耳鼻咽喉科 …………………… 14,15
商店会 ……………………… 30,41
商店街振興組合 …………………41
商品券 ……………………… 36,37,40,41
処方箋 …………………………25
振興組合 …………………………41
診察 ………………………………14
スタンプ ………………… 40,41,46
スタンプラリー …………………41
ストレッチ ……………………26,27
セール …………………… 17,23,36

た
タイ古式マッサージ …………26,27
丈 ………………………………9
七夕まつり …………………38,39,46
抽選会 ……………………… 36,37
調剤室 ……………………………25
調剤薬局 …………………… 24,25
治療 ………………………… 14,15
ツイッター …………………… 23,45
つるりん通り商店街 ……………29
デザイン … 13,17,20,21,23,30,42
手づくり ……………… 16,23,38,39
点眼薬 ……………………………15
展示会 ……………………… 13,20
ドーピング ………………………24
トロントロン商店街 …………29
ドンドン商店街 ………………29
問屋 ……………………………17,22

な
なかまち通り商店街 ………………
… 9,15,17,21,23,27,29,30,46
ナメラ商店街 ……………………29

日用品……………………………22
ネイルアート ……………… 18,19
ネイルサロン ……………… 18,32
ネームプレート …………………30
猫の足あと通り ………………29

は
パーマ …………… 6,7,8,9,11
バッグ ……………………… 20,21
八丁通り商店街 ………… 30,41,46
美容院 …………………… 6,8,31,32
病気 ………………………… 14,15,32
美容師 ……………………………6,31
フェイスブック …………… 23,45
服 …………… 12,13,22,23,26,27
ブティック ……………………12,32
フラッグ …………………… 17,30,34
フリーペーパー …………………42
フリーマガジン ……………… 42,43
古本市 ……………………………37
ブログ ……………………………45
分包機 ……………………………25
ヘアースタイル …………… 6,7,33
ポイント …………………… 40,41
ポイントカード …………………40
ホームページ……………… 23,44,45

ま
前地通り商店街 ………………37,46
マッサージ ……………… 26,27,31
マッサージサロン ……………26,32
祭り …………… 9,36,37,38,39,40
水戸黄門まつり …………………39
南街 ………………………………43
南町二丁目商店街…………… 43,46
メーカー ……………… 13,17,20,23

や
薬剤師……………………………24,25
やっほー ……………………… 42,43
谷保駅北口商店街……… 30,42,46

ら
理容院……………………………10,11
理容師……………………………10

47

協力

阿佐谷商店街振興組合

一般社団法人 水戸観光協会

うらもん商店街

浦和中央商店街振興組合

NPO法人 くにたち富士見台人間環境キーステーション

荻窪南口仲通り商店会

烏山駅前通り商店街振興組合

経堂商店街振興組合

国立富士見台商店連合会［谷保駅北口商店会、富士見台名店街商業協同組合、国立ダイヤ街商業協同組合］

仲一街商店会

八丁通り商店会

前地通り商店会

南町二丁目商店街振興組合

宮崎県川南町商工会（TMO）

（敬称略）

※この書籍に掲載された店舗・商店街などの業務・活動内容は、ご協力いただいた店舗・団体独自のものです。
掲載している情報は、2014年1月時点のものです。

モデル撮影／杉本 文

写真／御堂義乗

マンガ・イラスト／しんざき ゆき

編集・制作／株式会社 凱風企画

社会科見学★ぼくらのまち探検
商店街へGO！②
人がかがやく商店街

2014年2月25日　初版第1刷発行

編／鈴木出版編集部商店街研究会
発行者／鈴木雄善
発行所／鈴木出版株式会社
〒113-0021　東京都文京区本駒込6-4-21
電話／03-3945-6611　FAX／03-3945-6616
振替／00110-0-34090
ホームページ／http://www.suzuki-syuppan.co.jp/

印刷／図書印刷株式会社
©Suzuki Publishing Co., Ltd. 2014
ISBN978-4-7902-3283-4 C8336
Published by Suzuki Publishing Co., Ltd.
Printed in Japan
NDC 366/48p/30.3cm
乱丁・落丁は送料小社負担でお取り替えいたします